Vente du Mercredi 17 Mars 1886

HOTEL DROUOT, SALLE N° 4

TABLEAUX

ANCIENS

AQUARELLES ET DESSINS

GRAVURES

EXPOSITION PUBLIQUE

LE MARDI 16 MARS 1886

De une heure à cinq heures.

COMMISSAIRE-PRISEUR
Me Paul CHEVALLIER
10, rue de la Grange-Batelière.

EXPERT
M. E. FÉRAL, Peintre
Faubourg-Montmartre, 54

MPRIMERIE PILLET ET DUMOULIN
RUE DES GRANDS-AUGUSTINS, 5, A PARIS.

CATALOGUE
DES
TABLEAUX ANCIENS
DES ÉCOLES
HOLLANDAISE, ITALIENNE ET FRANÇAISE
BEAUX ET IMPORTANTS
PORTRAITS DU XVIIIe SIÈCLE
ET AUTRES ŒUVRES DE

BEAUBRUN, BEGA, BREYDEL, DROOGSLOOT, DROUAIS
FRAGONARD, GLAUBER, GOYA, D. HALS
P. DE HOOGE, LARGILLIÈRE, LINGELBACH, P. NEEFS, SCHALL
VAN STRY, VAN OS, ETC.

AQUARELLES ET DESSINS
PAR
Ingres, Charlet, Raffet, Marilhat, Decamps, H. Robert, etc.

GRAVURES

DONT LA VENTE AURA LIEU

HOTEL DROUOT, SALLE N° 4,

Le Mercredi 17 Mars 1886

à deux heures.

Par le ministère de Me **PAUL CHEVALLIER**, Commissaire-Priseur,
10, rue de la Grange-Batelière.

Assisté de M **EUG. FÉRAL**, Peintre-Expert, 54, Faubourg-Montmartre.

Chez lesquels se trouve le présent Catalogue.

Exposition Publique : le Mardi 16 Mars 1886,
De une heure à cinq heures.

CONDITIONS DE LA VENTE

La vente sera faite au comptant.

Les acquéreurs payeront cinq pour cent en sus des enchères applicables aux frais.

DÉSIGNATION

TABLEAUX

ARELLANO (JEAN DE)

1 — *Fleurs dans un vase de cristal.*

AVERCAMP (P. VAN)

2 — *L'Hiver en Hollande.*

Au premier plan, des dames et des seigneurs causant sur un canal glacé.

BASSAN (d'après le)

3 — *Les vendanges.*

Cuivre.

BEAUBRUN

4 — *Portrait de la comtesse de Choiseul.*

Charmant portrait, brillant et finement peint.

BEGA (CORNEILLE)

5 — *Intérieur de tabagie.*

Au premier plan, une femme assise tient un enfant sur ses genoux; près d'elle, deux fumeurs.

BERGHEM (genre de NICOLAS)

6 — *Cavalier et animaux au repos dans un paysage.*

BERGHEM (d'après N.)

7 — *Paysage avec bergers conduisant leurs troupeaux.*

BERTAUX

(DEUX PENDANTS)

8 — *Paysages avec rochers et cours d'eau.*

Au premier plan, des bergers conduisent des bestiaux.

Signés.

BONAVENTURE (PETERS)

(DEUX PENDANTS

9 — *Mer houleuse, avec bateaux de pêche et navires de guerre.*

BORSUM (attribué à VAN)

10 — *Oiseaux aquatiques dans un marais.*

BOSSCHAERT

11 — *Vase de pierre entouré de fleurs.*

BOUT ET BOUDEWYNS

12 — *Fête de village.*

Au centre, une voiture chargée de villageois; une dame et un seigneur visitent les habitants du village en fête ; à droite, des animaux.

BREUGHEL (Pierre)

13 — *Jésus-Christ visitant les âmes du Purgatoire.*

BREUGHEL (Jean) dit de Velours

14 — *Paysage. Effet de neige.*

Sur la droite, une tour carrée, au bord d'une rivière glacée où se trouvent quelques patineurs.

Fine petite peinture sur cuivre.

BREYDEL (le Chevalier)

15 — *Paysage avec cavaliers.*

BREYDEL (le Chevalier)

16 — *Le Sac d'un village.*

Au premier plan, des soldats attaquent des villageois qu'ils massacrent devant leur demeure.

Fin petit tableau.

Signé.

CHARPENTIER

(DEUX PENDANTS)

17 — *Les Petits Savoyards.*

CLOUET (École de)

18 — *Portrait de femme.*

Vue jusqu'à la ceinture, vêtue d'une robe noire avec larges bandes jaunes.

CORTONE (d'après PIETRO DE)

19 — *Le Mariage mystique de sainte Catherine.*

DROOGSLOOT

20 — *Fête flamande.*

De nombreux villageois sont réunis sur la place d'un village, les uns buvant et causant, attablés devant leurs demeures.

Provient de la collection de Mme Blanc.

DROUAIS (Germain)

21 — *L'Enfant prodigue.*

Esquisse du tableau qui est à l'église Saint-Roch.

DROUAIS (Germain)

22 — *Tête d'homme avec barbe et cheveux blancs.*

Étude.

DUMONT LE ROMAIN

23 — *L'Offrande à Cérès.*

Gracieuse composition d'une fraîcheur de tons remarquable.

DUPLESSIS (J.-S.)

24 — *Portrait d'homme.*

Les cheveux poudrés, habit rougeâtre.

FRAGONARD (Honoré)

25 — *La Fontaine des Amours.*

Charmante esquisse, d'une exécution légère et vaporeuse.

FRANCK

26 — *La Visitation.*

Fine peinture sur bois.

FRIEDLANDER (Camilla)

27 — *Fleurs et bijoux posés sur une table de marbre.*

GÉRARD (Le Baron F.)

28 — *Portrait en buste du roi Joseph Bonaparte.*

Bon petit portrait de forme ovale; peint sur cuivre. Provient de la vente du comte Fernandina.

GIOTTO (attribué à)

29 — *Le Christ en croix entouré des saintes femmes et de saints personnages.*

Très intéressante peinture sur fond or.

GIOTTO (attribué à)

30 — *Quatre saints personnages.*

Intéressante peinture sur fond or.

GLAUBER ET GÉRARD DE LAIRESSE

31 — *Paysage.*

Au centre, des jeunes femmes font une offrande à Bacchus.

Bon et important tableau des deux artistes.

GOYA

32 — *Officier de l'armée espagnole assis dans un fauteuil.*

Bon portrait, provenant de la vente du baron de Beurnonville.

GOYEN (attribué à VAN)

33 — *Constructions avec tourelle au bord d'une rivière hollandaise.*

Provient de la collection de Mme Blanc.

GOYEN (genre de VAN)

34 — *Maisons et tour avec créneaux au bord d'une rivière.*

GREUZE (J.-B.)

35 — *Portrait de M. Dores, ami de Greuze.*

Vu en buste, perruque poudrée, habit grisâtre.
Esquisse.

HABERT (1647)

36 — *Fruits, légumes, gibier, etc.*

HALS (Dirck)

37 — *Une Joyeuse compagnie.*

Des jeunes femmes et des gentilhommes élégamment vêtus se promènent dans un jardin, causant ou se donnant le bras. Ils sont suivis de plusieurs chiens.

Charmant tableau, dans lequel on a cru reconnaître l'artiste avec sa famille.

HALS (Dirck)

38 — *Les Joueurs.*

Plusieurs gentilshommes sont autour d'une table à jeu, occupés à allumer leurs pipes ; au second plan, une servante tenant un broc.

HELST (attribué à J. Van der)

39 — *Portrait de Femme.*

Vue jusqu'à la ceinture, vêtue d'une robe noire.

OCHTERVELT

40 — *Jeune femme faisant de la couture.*

HOLBEIN (attribué à)

41 — *Portrait d'homme.*

Vu en buste, la figure de trois quarts tournée vers la gauche, toque sur la tête, vêtement noir doublé de fourrure.

Fond de paysage.

Très curieux et très intéressant portrait.

HOOGE (attribué à P. DE)

42 — *Intérieur hollandais.*

Au centre, une jeune femme debout tenant un verre près d'elle, un homme assis devant une table tenant une partition ; à gauche, une servante vue de dos, tenant un balai.

Le soleil, entrant par une fenêtre, éclaire vivement une partie de la pièce.

HUBERT ROBERT

43 — *L'Incendie de l'Hôtel-Dieu, en 1772.*

Tableau sur bois, de forme ovale.

KNELLER (GODEFROID)

44 — *Portrait de jeune femme.*

Vêtue d'une robe en soie bleue, elle tient un éventail.

LACROIX (GASPARD)

45 — *Paysage.*

Vue prise à Bonnelles, près Paris.
Signé et daté 1841.

LARGILLIÈRE (attribué à NICOLAS DE)

46 — *Portrait de jeune femme.*

Elle est représentée sous les attributs de Flore.

Vue en pied, de grandeur naturelle, dans un paysage. assise sur un tertre et tenant des guirlandes de fleurs ; les cheveux châtains, bouclés et ornés de fleurs ; robe jaune décolletée laissant les épaules, les bras et les jambes nus. Sur la droite, quelques arbres ; dans le fond, la mer.

Charmant portrait, dans un cadre sculpté.

LARGILLIÈRE (genre de N. de)

47 — *Portrait de jeune dame.*

Vêtue d'une robe de velours rouge avec fleurs au corsage.

LARGILLIÈRE (genre de N.)

48 — *Portrait de jeune femme.*

Elle est vue jusqu'à la ceinture, vêtue d'une robe rouge décolletée et manteau bleu.

LAURENT

49 — *Le Joueur de mandoline.*

LERICHE

50 — *Bouquet de fleurs posé sur une table.*

Signé et daté.

LINGELBACH (Jean)

51 — *Villageois au repos.*

Une femme, tenant un panier, cause avec deux paysans assis au pied d'un arbre et ayant près d'eux leurs chiens; au second plan, arrivent deux autres personnages, l'un monté sur un âne, l'autre portant un paquet sur son épaule.

Bon tableau, provenant de la collection Ruelens, de Bruxelles.

MALBRANCHE

52 — *Entrée de village.*

Effet de clair de lune.

MALLET

53 — *Léda et Jupiter.*

Charmant tableau, de la plus remarquable finesse.

Signé à gauche.

MALLET (attribué à)

54 — *L'Amour buvant le nectar.*

Toile ovale.

MIGNARD

55 — *Portrait de jeune femme.*

Joli portrait de forme ovale.

MIGNARD (attribué à)

56 — *Portrait de Louis XIV.*

MIEREVELT (genre de MICHEL)

57 — *Portrait de jeune femme.*

Vue jusqu'à la ceinture, corsage noir avec manches blanches, collerette plissée.

Cuivre.

MONNOYER (BAPTISTE)

58 — *Fleurs dans un vase de bronze posé sur une console.*

MONOGRAMME D. D. B. (1655)

59 — *Intérieur d'église vivement éclairé par le soleil et animé par différents personnages.*

NEEFS (Peter)

60 — *Intérieur d'église.*

Au centre, la nef et un homme saluant une jeune femme; sur la droite, un mendiant portant un costume de pèlerin et tenant à la main son chapeau.

Fine peinture, sur cuivre.

NEEFS (Peter)

61 — *Intérieur de la cathédrale d'Anvers.*

Au premier plan, un prêtre fait visiter l'église à un seigneur suivi d'un domestique.

Deux dames et une petite fille font l'aumône à un mendiant.

Les figures sont attribuées à David Teniers.

NEER (genre de Arthur Van der)

62 — *Vue de Hollande.*

Effet de clair de lune.

PELLEGRINI

63 — *Les trois Grâces.*

Gracieuse composition, gravée en couleur par Janinet.

PRUD'HON (d'après P. P.)

64 — *L'Assomption de la Vierge.*

Esquisse.

RAOUX

65 — *Portrait de jeune femme.*

Vue jusqu'à la ceinture, vêtue d'une robe blanche décolletée à riches broderies et manteau en soie rose.

Gracieux portrait, de forme ovale.

ROTTENHAMER

66 — *La Vierge et l'Enfant Jésus.*

Adorés par des anges et par saint Jean-Baptiste et saint Jean l'Évangéliste.

ROUX (Louis)

67 — *Linné.*

Après une excursion dans la campagne, il s'est endormi dans un fauteuil.

SANZIO (École de Raphael)

68 — *L'Ange saint Michel.*

Buste de grandeur naturelle.

Très belle étude, pour le *Saint Michel terrassant le démon* qui est au Musée du Louvre.

Provient de la collection Silvestre, dont la vente a eu lieu au commencement de ce siècle.

SCHALL

69 — *Tombeau allégorique de Marie-Antoinette.*

Devant lequel on voit agenouillés le comte de Provence et sa sœur Madame Adélaïde de France.

SLINGELAND (Pierre van)

70 — *La partie de cartes.*

Dans un intérieur rustique, une femme, assise auprès d'une table, joue aux cartes avec un jeune homme qui lui fait face. Sur la gauche, un buveur, coiffé d'un chapeau à large bord, tenant une canette et un verre, est assis devant une fenêtre.

Fine peinture du maître.

SPAENDONCK (Gérard van)

71 — *Amours tenant un candélabre.*

Jolie grisaille.

SPAENDONCK (genre de G. van)

72 — *Fleurs dans un vase de cristal posé sur une table de marbre, auprès d'une grappe de raisin.*

STRY (J. Van)

73 – *Paysage. — Soleil couchant.*

Vers la gauche, des vaches au repos au bord d'une rivière; à droite, sur un monticule, un berger causant avec une paysanne, auprès d'eux quelques moutons.

Très bon petit tableau, digne d'Albert Cuyp.

TENIERS (attribué à David)

74 – *Intérieur de corps de garde.*

Un drapeau, des tambours, des cuirasses, un casque, une arbalète et autres ustensiles de guerre posés à terre. Au second plan, un jeune valet portant un manteau.

Dans le fond, des soldats jouant aux cartes.

TENIERS (d'après D.)

75 — *Fête flamande.*

TENIERS (d'après D.)

76 — *L'Eglise du village.*

THÉOLON

77 — *Jeune fille assise auprès d'une fontaine formée par deux petits Amours appuyés sur un Dauphin.*

Gracieux tableau de l'artiste.

TOBAR

78 — *La Madeleine pénitente.*

Elle est nue et assise dans sa grotte, levant les yeux au ciel.

TRÉVISANI

79 — *La Vierge et l'Enfant Jésus.*

VAN BALEN ET VAN KESSEL

80 — *Les Forges de Vulcain.*

Peinture sur cuivre.

VAN LOO

81 — *La Résurrection.*

Jolie esquisse, d'une remarquable franchise d'exécution.

VAN LOO (genre de)

82 — *Léda et Jupiter.*

VAN OS

83 — *Fleurs.*

Des roses, des hyacinthes, des anémones, des oreilles d'ours et autres fleurs dans une corbeille posée à terre, auprès d'un nid d'oiseaux.

Sur le devant, un bouvreuil mangeant des cerises.

Charmant tableau, remarquable par la finesse et la franchise de l'exécution.

WATELET

84 — *Paysage avec chemin sinueux et villageois.*

Signé à gauche.

WATELET

85 — *Paysage montueux coupé par un cours d'eau.*

Fixé.

ÉCOLE ESPAGNOLE

86 — *Princesse debout, auprès d'un portrait de souverain.*

ÉCOLE ESPAGNOLE

87 — *La mise au tombeau.*

ÉCOLE ESPAGNOLE

88 — *Les disciples visitant le tombeau du Christ.*

ÉCOLE FLAMANDE (XVIe SIÈCLE)

89 — *Portrait d'homme.*

Vu jusqu'à la ceinture, les mains jointes, devant un prie-Dieu sur lequel se trouve un livre.

ÉCOLE FLAMANDE (XVIe SIÈCLE)

90 — *La Vierge et l'Enfant Jésus.*

La Vierge, vue à mi-corps, est vêtue d'une robe bleue avec manteau rouge posé sur sa tête et retombant autour d'elle. Elle tient l'enfant Jésus dans ses bras.

Fond bleuâtre avec riches ornements.

ÉCOLE FLAMANDE

91 — *Deux figures allégoriques représentant la Tempérance et la Justice.*

ÉCOLE FRANÇAISE

(DEUX PENDANTS)

92 — *Portrait d'homme et portrait de femme.*

Beaux cadres en bois sculpté.

ÉCOLE FRANÇAISE

93 — *Amours sur des nuages.*

Gracieuse composition. Panneau de chaise à porteurs.

ÉCOLE FRANÇAISE

94 — *Portrait d'un jeune seigneur.*

Il est assis devant une fenêtre donnant sur la mer.

ÉCOLE FRANÇAISE

95 — *Portrait d'homme.*

Vu jusqu'à la ceinture, il porte un habit violet avec manteau rouge.

ÉCOLE FRANÇAISE

96 — *Jeux d'Amours.*

ÉCOLE HOLLANDAISE

97 — *Paysage avec figures.*

ÉCOLE HOLLANDAISE

98 — *Moutons au repos, au pied d'un arbre.*

ÉCOLE ITALIENNE

99 — *Le Joueur de flûte.*

ÉCOLE ITALIENNE

100 — *La Vierge vue à mi-corps.*

Petite peinture sur cuivre, de forme ovale.

ÉCOLE ITALIENNE

101 — *La Vierge et l'Enfant Jésus.*

ÉCOLE ITALIENNE

102 — *La Cène.*

ÉCOLE RUSSE

103 — *La Vierge et l'Enfant Jésus.*

DESSINS ET AQUARELLES

ANDRIEUX

104 — *Sujets divers.*

Sept aquarelles ou dessins, à la sanguine.

BELLANGÉ (Hipp.)

105 — *Les Chanteurs ambulants.*

Joli dessin, à la sépia.
Signé et daté 1827.

BONINGTON (R. P.)

106 — *La Lecture.*

Jolie aquarelle qui paraît avoir été faite sur un trait gravé.

DECAMPS

107 — *Chenil, à Enouville.*

Mine de plomb.

DÉVERIA (Eugène)

108 — *Scène du* Médecin malgré lui, *de Molière.*

Aquarelle signée et datée 1831.

FRANÇAIS

109 — *Cours d'eau sous bois.*

Mine de plomb.

GRANET

110 — *Moine écrivant.*

Aquarelle, signée et datée 1841.

GREUZE (J. B.)

111 — *Le Départ du proscrit.*

Beau et important dessin.
Plume et encre de Chine.

HILAIR

112 — *Les Sultanes.*

Aquarelle, signée et datée 1788.

HOORN (VAN)

(DEUX PENDANTS)

113 — *Paysages d'après Ruysdaël.*

Encre de Chine,

HUBERT ROBERT

114 — *La Statue de Minerve.*

Dans le fond, le Panthéon.
Aquarelle faite pendant la captivité de l'artiste à la prison de Saint-Lazare.
Signée et datée 1797.

HUBERT ROBERT

115 — *Chasseurs et leurs chiens arrêtés sous de grands arbres.*

Joli dessin, à la sanguine.

HUBERT ROBERT

116 — *La fontaine de Minerve.*

Sanguine.

HUBERT ROBERT

117 — *Les Laveuses.*

Contre-épreuve, à la sanguine.

INGRES

118 — *Portrait du docteur Martinet.*

Il est vu jusqu'aux genoux, assis sur une chaise, tenant à la main son chapeau.

Beau dessin, à la mine de plomb, signé avec dédicace et daté 1826.

MALLET

119 — *La Missive.*

Gouache, signée.

ROWLANDSON

120 — *Un jour de marché et musiciens en voyage.*

Deux aquarelles.

VERNET (Carle)

121 — *Cavalier russe dans les montagnes.*

Sépia signée.

VERNET (Carle)

122 — *Cavalier russe rentrant au camp.*

Aquarelle signée.

VITELLI (attribué à Gaspard van)

123 — *Vue de l'église St-Pierre et du Vatican, à Rome.*

Aquarelle gouachée.

VITELLI (attribué à G. van)

(PENDANT DU PRÉCÉDENT)

124 — *Illumination de l'église Saint-Pierre, à Rome.*

Aquarelle gouachée.

WATELET

125 — *Canal traversant un village.*

Effet de soleil couchant.
Aquarelle signée et datée 1831.

126 — *Douze aquarelles ou dessins.*

Par *Marilhat, Granet, Bonington, Géricault, Ducis, H. Vernet, Charlet,* etc.

127 — *Onze aquarelles ou dessins.*

Par *Granger, H. Vernet, Charlet, Ginain, Géricault*, etc., etc.

128 — *Dix-sept aquarelles ou sépia.*

Par *J. Coignet, Robert Fleury, Mozin, Hippolyte Bellangé, Finard*, etc.

129 — *Quatorze aquarelles ou sépia, dans le même cadre.*

Par *De Marne, Mallet, Bonington, Jacottet, Le Poittevin*, etc., etc.

130 — *Neuf aquarelles ou sépia, dans le même cadre.*

Par *Charlet, Le Prince, Watelet, Viollet-le-Duc, Dévéria*, etc.

131 — *Huit dessins ou aquarelles, dans le même cadre.*

Par *Géricault, Raffet, G. Drouais, Duval*, etc.

132 — *Sous ce numéro, différents dessins anciens et modernes.*

GRAVURES

133 — *Sainte Élisabeth de Hongrie.*

Par *Mercury*, d'après *P. Delaroche.*
Gravure avant la lettre, avec dédicace.

134 — *La Mort de Jane Grey.*

Par *Mercury*, d'après *P. Delaroche.*
Gravure avant la lettre.

135 — *Portraits de Bossuet et de Dryden.*

Gravés par *Grateloup*, d'après *Rigaud* et *Kneller.*

136 — *La Sainte famille.*

D'après *Albert Durer.*

137 — *Le Bouton de rose.*

Gravure coloriée, d'après *Baudouin.*

138 — *La Chasse au renard.*
Les Chiens ayant perdu la trace.

Deux gravures coloriées, d'après *Carle Vernet.*

139 — *L'Ecurie et le marchand de chevaux.*

Deux gravures coloriées, d'après *Carle Vernet.*

140 — *Chef de mamelucks.*
Mameluck au repos.
Mameluck au combat.
Mameluck au grand galop.

Quatre gravures par *Jazet*, d'après *Carle Vernet.*

www.ingramcontent.com/pod-product-compliance
Ingram Content Group UK Ltd.
Pitfield, Milton Keynes, MK11 3LW, UK
UKHW020511180726
13839UKWH00005B/2010

9 782329 534183